JN074931

幼保 英語検定

4級 テキスト

【著者】 一般社団法人 幼児教育・保育英語検定協会

BOOKFORE
ブックフォレ　株式会社ブックフォレ

目次

目次

目次

目次

 本書英会話本文音声データーをダウンロードできます。ホームページ専用ページよりダウンロードください。
HP https://bookfore.co.jp/glh/download/

幼児教育・保育英語検定協会
（略称：幼保英語検定協会）

幼児教育、保育環境の国際的なグローバル化に対応できる幼稚園教諭及び保育士等幼児教育者養成の一環として、全国の幼稚園・保育園並びに幼稚園教諭・保育士養成学科を有する大学・短大及び専門学校と連携・協力して、幼保英語検定の実施を通し必要な実用的な英語の習得及び向上に資するため、英語の能力を判定し、またさまざまな活躍の機会を拡げその能力を養成することにより、日本の幼児教育、保育現場の向上に寄与することを目的としています。

また、諸外国における乳幼児教育分野の研究成果等を日本に紹介し、乳幼児教育分野の発展に寄与する活動にも積極的に取り組むことを目的とします。

幼児教育・保育英語検定
（略称：幼保英語検定）

特色

幼保英語検定は、幼稚園、こども園及び保育園等幼児教育施設において、英語でのコミュニケーション力の習得状況を知り、さらに向上させる機会となります。乳幼児との会話、園内の教育・保育に焦点をあて、現場に即した実用的な英語を習得できることが大きな特色です。

園内教育・保育及び保護者との日常会話から連絡・交流に必要な題材まで、受検者の学習を考慮し工夫した内容になっており、楽しみながら知識を深められる構成となっています。「入門レベル」から責任者として活躍できる「専門レベル」までの5段階で構成されており、英語力の向上が実感できます。資格を取得すると、幼児教育、保育分野で幅広く活用することができ、幼児教育、保育環境の国際的なグローバル化に対応できる実用的な英語を取得できます。

About Youho Eigo Kentei

Youho Eigo Kentei (Test of English for Early Childhood Educators) is designed for early childhood educators based on the daily routines and annual curriculum of Japanese preschools and kindergartens. This test is administered by Youho Eigo Kentei Kyokai (Organization of English for Early Childhood Educators). The test gives test takers a guideline to increase their language and comprehension levels, of both Japanese and English, by focusing on early childhood education, assessing reading, writing, listening, and speaking skills. We work closely with over 200 universities, colleges, technical schools, and high schools in Japan that have early childhood education departments. We also work with universities and Japanese schools overseas for non-native Japanese speakers who want to improve their professional skills. The test certificate shows that the person designated possesses the English proficiency level of the grade in which he or she has been certified.

本書について

本書は、幼保英語検定4級のテキストです。

本書は、「登園」から「お迎え」までの9つの章と「乳児保育」の計10章で、各章とも、保護者・園児との会話、各種文章作成と参考資料から構成されています。

会話文は、先生と保護者との会話、先生と園児との会話から成り立っており、各会話は、左のページに日本語による会話を記載し、右のページに英訳を記載しています。幼保英語検定4級の目安は、中学中級程度です。

本書の特色
日本における保育、幼児教育現場に即した内容を前提としています。また、本文では取りあげられていない単語も関連性の高いものは学習のために記載しています。

園での日常活動で使われる英語や英語表現を身につけることができるよう工夫しており、紹介シーンも、日本の習慣や行事など、日本での保育、幼児教育を前提としています。

① 説明や解説の文章の中に記載している英語の表記には、「 」（カギカッコ）をつけています。「 」（カギカッコ）は日本語の文章の会話文を表記する方法として使われ、文中の英語には通常、""（クォーテーション）や斜体で区別しますが、「 」（カギカッコ）は区別が明確にしやすいため、本書では説明や解説の際に日本語及び英語のイディオムや単語の区分方法として採用しています。
② 人物の呼称は、英語圏では園児はファーストネームを使い、先生や保護者などにはMr.、Mrs.、Ms.をつけて使いますが、日本の生活慣習から違和感を生じないよう、英会話文でも、園児は「〇〇-kun、〇〇-chan」、先生は「〇〇-sensei」、保護者には「〇〇-san」と表現しています。

本書を十分に学習され、早期に幼保英語検定4級に合格されることを祈念しております。

本書では、実際の園での会話をイメージできるよう、パーチャル幼児教育施設を設定しています。

園名　　　　フォレガーデン園

所在地	東京都港区麻布2丁目
最寄駅	北東線麻布駅徒歩10分
避難場所	有栖川山公園
電話	03－987－9876　メール azabu2@ac.ko.jp

園の紹介　　0歳児より未就学児まで

乳児1歳児未満	10名
2歳児未満	15名
2歳児	15名
3歳児	20名
4歳児	20名
5歳児各	30名

園の内容　　2階建て、保健室、園庭、プール、調理室、屋上広場あり

主な登場人物

園長	山田　けいこ
保育士	鈴木　よしこ
幼稚園教諭	川村　さおり
ネイテイブ	キャロリン

園児	誕生日	父	母	兄弟・姉妹
荒木　たえこ	4月3日生	太郎	文子	
小野　ひろし	4月8日生	健	ますみ	妹　陽菜（8か月）
佐々木　えり	11月19日生	光	一	兄　太郎（6歳）
田中　こういち	11月30日生	一	和子	
戸張　れいこ	3月10日生	伸一	ジョウイ（米国人）	

お断り　　本書に設定している園の規模、内容は幼保英語を学習しやすいよう想定しているので、幼稚園及び保育園の開園基準、職員数、提供すべき教育内容、給食を含む衛生設備等については法的条件を前提としておりませんので、あらかじめご了承ください。

第1章　登園

Chapter 1　　Going to School

パパと一緒

おはよう！

あら、今日はパパと一緒なのね。

パパのお仕事がお休みなんだ！

よかったね！ではお迎えもお父さまですか？

はい、私が午後に来ます。

それはいいですね。

お迎えの時間が楽しみです！

うん！色んなおもちゃでたくさん遊んでパパを待つんだ！

単語の紹介

パパ dad/daddy　　　　　今日 today　　　　休んで off

〜を迎えに行く go pick~up　　来る come　　　おもちゃ toy

単語力アップ

明日 tomorrow　　　　　　あさって（＝明後日）the day after tomorrow

きのう（＝昨日）yesterday　　おととい(＝一昨日) the day before yesterday

With Daddy

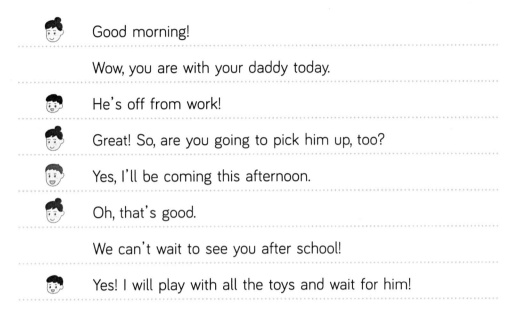

Good morning!

Wow, you are with your daddy today.

He's off from work!

Great! So, are you going to pick him up, too?

Yes, I'll be coming this afternoon.

Oh, that's good.

We can't wait to see you after school!

Yes! I will play with all the toys and wait for him!

Point 1

I'll be coming this afternoon.
I'll = I will I'll は I will の短縮形です。
訳：私が来ます。

この場合、お迎えの予定がすでに決まっているので、このように特定の未来の予測が立っている場合は will ＋ be Ving を使います。また会話では短縮形を使うことが多くあるのでここでは短縮形も学習しましょう。

また be ＋ Ving で近い未来に対して表現する方法もあります。その場合、I'm coming と表現できます。

お席について

 お席についてください。

先生の方を向いてね。

まだおしゃべりしている人は誰ですか？

手をお膝の上に置いてください。

今日何をするかお話しますね。

単語の紹介

座る sit down　　　～を見る look at ～　　　まだ still

置く put on　　　膝 lap

単語力アップ

「look」を用いた表現

振り返る look back　　　のぞきこむ・研究する look into~

外を見る look out　　　～を探す look for~

見回す look around　　　～の世話をする look after~

Please Sit Down

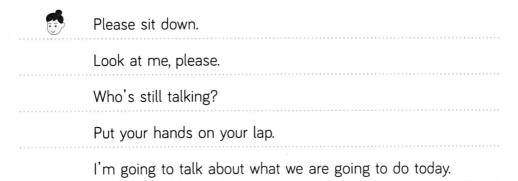

Please sit down.

Look at me, please.

Who's still talking?

Put your hands on your lap.

I'm going to talk about what we are going to do today.

Point 1

Put your hands on your lap.
訳：手をお膝の上においてください。

Put your hands in your lap. を使うこともできますが、ここでは "on your lap" を学びましょう。

Point 2

Please sit down.
訳：席についてください。

例文のように、文頭に「あなたは」を言わずに「動作をする」もしくは「しない」ことを指示する文章を命令文（〜しなさい。してはいけません）といいます。この命令文に Please を加えると「〜してください、しないでください」と丁寧な表現となります。

例文は sit down（座る）の前に please をつけて、「席についてください」という意味になります。

Point 3

Who's still talking?
訳：まだおしゃべりしている人は誰ですか？

「Who's」は、「Who is」の省略形です。be 動詞を使う表現では、be 動詞を省略して発音したり、書いたりします。I am は I'm、you are は you're と書きます。

例題は、「Who's」（誰ですか）という問いですが、おしゃべりしている人が一人なのか二人以上なのかわかりませんが、一人でも二人以上でも

「Who is」と単数で使います。誰（who）でなく、何か（what）の場合もおなじです。

出席をとります

 こっちを見てください。

よく出来ました！

今から名前を呼びます。

名前を呼ばれたら、「はい」と言ってね。

いいですか？

 わかった！

 ひろしくん。

 はーい！

単語の紹介

呼ぶ call

単語力アップ

「call」を用いた表現

電話をかけ直す call back　　　　**中止する** call off　　　　**大声で呼ぶ** call out

Taking Attendance

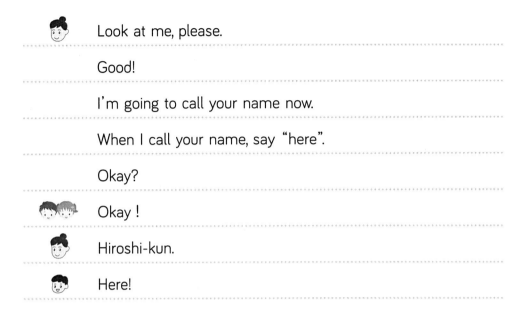

Look at me, please.

Good!

I'm going to call your name now.

When I call your name, say "here".

Okay?

Okay!

Hiroshi-kun.

Here!

Point 1

Look at me, please.
訳：こっちを見てください。

そのほかの表現で "Show me your face" などでも表現することができます。

Point 2

here
訳：ここ（にいます）

＊出席をとるときなど「はい」と返事をするときにも使います。

フクロウ博士のやってみよう ①

色々な表現を使ってみましょう。　　　　　　　　　正解したら☑

東京にいくつもりです。

I am [　][　] go to Tokyo.　　　**going to**

学習直後　□　検定直前　□

私はあきこちゃんがコンテストで優勝すると思います。

I think Akiko-chan [　] win that contest.　　　**will**

□　　□

立ってください。

[　][　] up.　　　**Please stand**

□　　□

静かにしてください。

[　][　] quiet.　　　**Please be**

□　　□

知っとこ ①

英語らしく話す秘訣を知りましょう

英語と日本語は発音自体違い、日本人が発音しづらい単語がたくさんありますが、単語のアクセントを正しく意識することで数倍英語らしく話せます！

「R」と「L」を簡単な区別法を知りましょう。

「Right」と「Light」の発音で説明します。

「R」の発音は、小さな「ゥ」の音から発音します。

「Right」は、ゥライトと発音すると自然に「R」の発音になります。

「L」は、日本語のラリルレロの発音する時の舌の位置より少し前歯に近付けた位置に舌を置いて発音すると、自然に「L」の発音になります。

Vocabulary and Expression

単語と表現 ①

カレンダー

January
1月

February
2月

March
3月

April
4月

May
5月

June
6月

July
7月

August
8月

September
9月

October
10月

November
11月

December
12月

Monday	Tuesday	Wednesday	Thursday	Friday	Saturday	Sunday
月	火	水	木	金	土	日
平日 weekday					★	★

★ 週末 weekend

日 day	月 month
週 week	年 year

第2章　屋内活動 ①

Chapter 2　　Indoor Activities ①

お話しの時間です

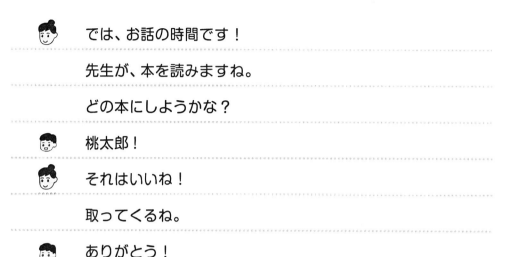

👨	では、お話の時間です！
	先生が、本を読みますね。
	どの本にしようかな？
🧒	桃太郎！
👨	それはいいね！
	取ってくるね。
🧒	ありがとう！

単語の紹介

話/物語 story　　　　　**時間** time　　　　**読む** read　　　　**選ぶ** pick

単語力アップ

「〜 time」園での様々な活動を表現できます

お昼寝 nap time　　　　　**お昼ごはんの時間** lunch time　　　　**休み時間** break time

サークルタイム circletime*

*毎日決められた時間にサークルタイムを行う園もあれば、特に決まりはなく行う園もあります。時間も様々です。園児が集まって座り、一つのアクティビティをする時間のこと。先生と園児たちが円で囲むように座り、歌を歌ったり本を読んだりします。

Story Time

Okay, it's story time!

I'm going to read a book.

Which book should I pick?

Momotoro!

That's a good one!

I'll go and get it　　　.

Thank you!

Point 1

It's story time.
訳：お話の時間です。

It's ～ It is の短縮形です。

時間、曜日、天候や距離を表すのにとても便利な "It" です。

例文は、「お話の時間です。」という表現です。その他の表現も覚えておきましょう。

It's 10 o'clock. 10時です。（時間）

It's cloudy today. 今日は曇りです。（天候）It's dark. 暗いです。（明暗）

ただし、この "It" には特に意味はないので「それ」と訳さないようにしましょう。

本を片付けよう

 どうしたの？

本をどこに戻せばいいかわからない。

右から３番目の棚じゃない？

数えられるかな？

うん。あ、わかった！

よくできました！

上手にお片付けができたね。

単語の紹介

知っている know　　**３番目の** third　　**棚** shelf

数える count　　**優れている** excellent　　**お手伝いする人** helper

Putting Back the Book

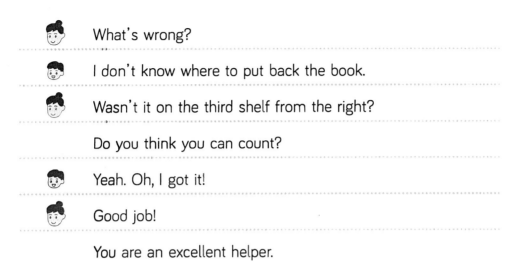

What's wrong?

I don't know where to put back the book.

Wasn't it on the third shelf from the right?

Do you think you can count?

Yeah. Oh, I got it!

Good job!

You are an excellent helper.

Point 1

Good job!
訳：よくできました

園児に対してだけではなく、日常会話でもよく使う誉め言葉です。

ただ、この言葉は、上司や目上の方、保護者の方に対しては使いません。

Point 2

I don't know where to put back the book.
訳：本をどこに戻せばいいか分からない。

where 〜 で「〜はどこですか」という意味を表します。

don't know 〜で「〜 を知らない」という意味を表しますので

「don't know where 〜」で「どこか分からない」という意味になります。他にも「〜を戻す」という場合は、「return」を用いることができます。

例文：I don't know where to return the book.

音楽の時間です

音楽の時間ですよ！

自分の楽器を取ってきてね。

はーい！取りに行こう！

覚えているかな？みんな順番よ。

走らないで、でないとその箱につまづいちゃうよ。

カスタネットにしたよ!

単語の紹介

音楽 music　　　　　**楽器** instrument　　　　**覚えている** remember

交替する take turns　　**走る** run　　　　　　**つまずく** trip over

カスタネット castanet

単語力アップ

「転ぶ」「つまずく」「滑って転ぶ」など英語の使い方を覚えましょう。

① fall down **みんなの前で転んじゃった。**
I fell down in front of everyone.

② trip over **園児たちが、その箱につまずいて転んでしまいます。**
Children will trip over that box.

③ slip **ひろし君が、氷の上で滑って転んじゃった。**
Hiroshi-kun slipped on the ice and fell.

Music Time

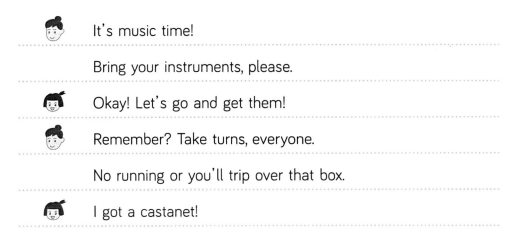

It's music time!

Bring your instruments, please.

Okay! Let's go and get them!

Remember? Take turns, everyone.

No running or you'll trip over that box.

I got a castanet!

Point 1

trip over
訳：つまずく

単語力アップのコーナーを参照ください。

Point 2

Let's go and get them!
訳：取りに行こう！

Let's ＋動詞の原形　で相手に対し「～ を一緒にやろうよ！」と誘いの意味となります。（Let's は let us の短縮形です。）例文では let's のあとに、go（行く）とget（取る）の2つの動作をつなぐことで、1つの文で誘っています。直訳すると、「行こう！そして、それら（楽器）を取ろう！」と誘っているので、たえちゃんが言いたい「取りに行こう！」となります。

カスタネットたたいてもいい？

先生、カスタネットたたいてもいい？

まだよ、待ってね。

もう練習したい！

みんなを待ちましょうね。

もうみんな戻ってきたよ！

単語の紹介

まだ yet

〜したい want to 〜

練習する practice

Can I Play My Castanet?

Sensei, can I play my castanet?

Not yet, please wait.

I want to practice now!

Let's wait for everyone.

Everyone is back now!

Point 1

I want to practice.
訳：練習したい。

want to 〜 で「〜 したい」という意味になります。

「want 〜」で「〜 がほしい」という意味で、」「〜」には本など、物を表す名詞が入ります。例文のように「〜する（動詞）ことをしたい」という意味を表すときは、want の後に「to＋動詞の原形」をつけて表現します。

一緒に練習しましょう

 さあ、一緒に練習しますよ。

ついてきてね、いい？

はい、カスタネットを1回たたいて！

タン！

 タン！

 いい調子よ！

単語の紹介

一緒に together　　**1回** once

カチッと鳴らす click

単語力アップ

2回 twice

28

Let's Practice Together

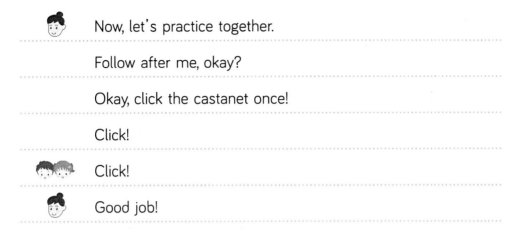

	Now, let's practice together.
	Follow after me, okay?
	Okay, click the castanet once!
	Click!
	Click!
	Good job!

Point 1

Click the castanet once!
訳：カスタネットを一回たたいて！

「once」は「1度、1回」をさすので、例文は「カスタネットを1回たたいて」という意味になります。2回たたくなら「click the castanet twice」といいます。3回以上は、回数を表す「time」と数字を組み合わせて、three times、four times となります。このとき、「time」は複数形にします。

色々な表現を使ってみましょう。

正解したら☑

		学習直後	検定直前

どこに行けばよいか分からない。
I [　　][　　] where to go.　　　　　　　**don't know**　　☐　　☐

帽子をどこに置いたらいいか教えてよ。
Tell me [　　] to put my cap.　　　　　**where**　　☐　　☐

お昼ごはんにしよう！
[　　] have lunch!　　　　　　　　　　　**Let's**　　☐　　☐

歌を歌おうよ！
Let's [　　] a song.　　　　　　　　　　**sing**　　☐　　☐

お昼ご飯が食べたい。
I [　　] to have lunch.　　　　　　　　**want**　　☐　　☐

すぐに寝たい。
I [　　] to go to bed soon.　　　　　　**want**　　☐　　☐

僕はこのリンゴが欲しい。
I [　　][　　] apple.　　　　　　　　　**want this**　　☐　　☐

私は、週に2回公園に行きます。
I go to the park [　　] a week.　　　　**twice**　　☐　　☐

彼は3回アメリカに行ったことがあります。
He has been to America [　　][　　].　　**three times**　　☐　　☐

「Yes」と「No」の使い分けを知りましょう。

日本人は、「アメをもっていませんか？」と尋ねられると、「はい、持っていません」と答えますから、ついつい、英語で同じ質問をされると、「はい」なので、Yes から答えたくなります。

英語は、質問の仕方に関わらず、文法的に答えますから、「持っていますか」と聞かれても、「持っていませんか？」と聞かれても、持っていなければ、No から話し出します。

Do you have a candy?　No, I don't または Yes, I do.

Don't you have candy?　No, I don't または Yes, I do.

となります。

単語と表現 ②

○番目の表現

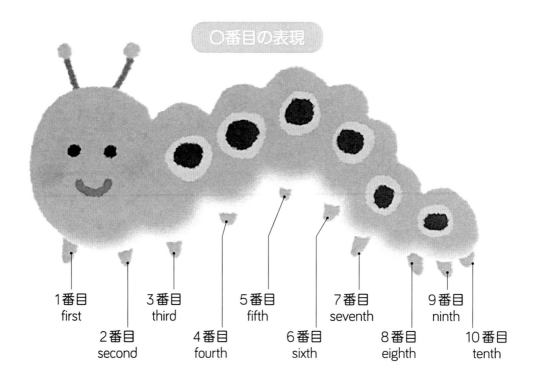

1番目 first

2番目 second

3番目 third

4番目 fourth

5番目 fifth

6番目 sixth

7番目 seventh

8番目 eighth

9番目 ninth

10番目 tenth

楽器の名前

カスタネット castanet

太鼓 drum

タンバリン tambourine

トライアングル triangle

笛 flute

鈴 bell

ピアノ piano

ギター guitar

第3章 屋内活動 ②

Chapter 3　　　Indoor Activities ②

お絵描きをしましょう

お絵描きをしましょう！

ぼくの紙、もう描くところがないよ。

裏も使って描いてみた？

裏には描きたくないんだよ。

お家の壁に貼りたいんだもん。

素敵ね！

じゃあ、新しい紙をあげるわね。

単語の紹介

描く draw　　　　**場所** space　　　　**試す** try　　　　**裏面** back side

貼る put　　　　**壁** wall　　　　**新しい紙** a fresh sheet of paper

Let's Draw Pictures

 Let's draw pictures!

 There's no space left on my paper any more.

 Did you try on the back side of the paper, too?

 I don't want to draw on the back.

I want to put it on the wall at my house.

 Great idea!

Okay, I'll give you a fresh sheet of paper.

Point 1

put on the wall
訳：壁に貼る

園では園児の作品、お知らせやポスターなど「壁に貼る」ことが多くあります。
壁に貼る方法によって言い方が変わりますので覚えましょう。

① 　ピンで留める　Pin a poster to the wall.

② 　粘着性の素材（ブルータックなど）で貼りつける　　Stick a poster to the wall.

③ 　テープで貼る　　Tape a poster to the wall.

Point 2

paper(紙)は日本語のように数えることが出来ません。

一枚、二枚と表現するときは

a piece of paper/a sheet of paper、two pieces of paper と数える単位をつける

ことで枚数を表現しましょう。

スモックを着てね

 スモックを着てね。

よく着られたね、ひろし君。

でも、スモックが裏返しみたいだね。

もう一回やってみようか？

 うん、もう一回やってみる！

単語の紹介

〜を着る put on〜　　　　**スモック** smock

裏返し inside out　　　　**もう一度** again

単語力アップ

「put」を用いた表現

片付ける put away　　　　**延期する** put off

元に戻す put back　　　　**消す** put out

Put on Your Smock

 Put on your smock, please.

Good try, Hiroshi-kun.

But maybe your smock is inside out.

Do you want to try again?

Yes, I'll try again!

Point 1

your smock
訳：あなたのスモック

your 〜 で「あなた（君）の 〜」という意味で、これを２人称（あなた）の所有格といいます。他の人称の所有格も覚えましょう。

	主格（単数）	所有格	主格（複数）	所有格
一人称	I	my	we	our
2人称	you	your	you	your
3人称	he	his		
	she	her	they	there
	it	its		

絵の具で絵を描きましょう

今日は、絵の具を使って絵を描いてみましょうね！

やったー！

先生、ぼくの手に絵の具がついちゃった。

じゃあ、タオルで手を拭いてね。

はい、どうぞ、ひろし君

私の使っていいよ。

ありがとう！たえちゃん。

どういたしまして。

単語の紹介

絵を描く（絵具やペンキなどで） paint　　　　**いくつかの** some

拭く wipe　　　　**タオル** towel　　　　**どうぞ** here you go

私のもの mine　　　　**彼女のもの** hers　　　　**彼のもの** his

彼らのもの theirs **私たちのもの** ours

Let's Paint a Picture

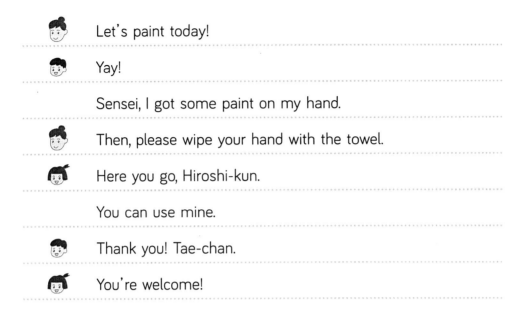

Let's paint today!

Yay!

Sensei, I got some paint on my hand.

Then, please wipe your hand with the towel.

Here you go, Hiroshi-kun.

You can use mine.

Thank you! Tae-chan.

You're welcome!

Point 1

Let's paint.
訳：絵の具で絵を描きましょう。

"paint" だけで絵を描くという意味になりますが、もちろん "paint a picture" と表現することも出来ます。

paint と draw を使い分けましょう

「絵を描く」という日本語だけで英訳をすると、使い方を間違えることがあります。それぞれの使い方を覚えましょう。

paint は絵の具やペンキを使って絵を描いたり、塗ったりすることです。

draw は鉛筆やチョーク、クレヨンなどで線を描くことです。

例文：Did Tae-chan draw this flower?
　　　（たえちゃんがこのお花を描いたの？）

★この場合、pen や pencil などで絵を描いたことがわかります

絵はどこに置けばいいの？

片付けをしましょう。

ぼくの絵はどこに置くの？ここ？

そう、そこの棚の上に置いてね。

その前に、紙の一番下に名前を書いてね、いい？

書けたよ！

単語の紹介

きれいにする clean up　　　　　　　**前に** before　　　　　　**下部** bottom

単語力アップ

色の表現①

色の名前の前に、「light」と「dark」をつけると、薄さと濃さを表現できます。

light ＋ green = light green （薄緑）
dark ＋ green = dark green （濃緑）

色の表現②

色の後に「ish」つけると「〜ぽい色」を表現できます。

green ＋ ish = greenish （緑っぽい）
yellow ＋ ish = yellowish （黄色っぽい）

Where Do I Put My Picture?

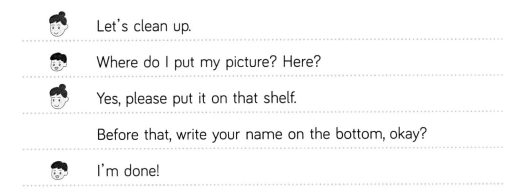

Let's clean up.

Where do I put my picture? Here?

Yes, please put it on that shelf.

Before that, write your name on the bottom, okay?

I'm done!

Point 1

I'm done!
訳：書けたよ

done は do の過去分詞です。ここでは「書けたよ」と言う意味として使っていますが、「準備ができた」、「食事が終わった」などの表現もできます。

フクロウ博士のやってみよう ③

色々な表現を使ってみましょう。

正解したら☑

窓を開けましょうか？

[　　][　　] open the window?

Shall I

学習直後 □　　検定直前 □

一緒に踊りませんか？

[　　][　　] dance?

Shall we

□　　□

知っとこ ③

お礼やお詫び →	返事
Thank you ありがとうございます。	You're welcome.　どういたしまして。 No problem.　　　問題ないよ。 Not at all.　　　どういたしまして。
My apologies. 申し訳ございません。 I apologize for being late. 遅れて申し訳ございません。	Don't mention it. 気にしないでください。
I'm sorry すみませんでした。	Not at all.　　　問題ありません。 That's alright.　　いいですよ。 Don't worry about it. お気になさらないででください。

BC

単語と表現 ③

文房具

glue
のり

scissor
はさみ

crayon
クレヨン

scotch tape
セロハン テープ

stapler
ホチキス

paper
紙

paint
絵具

clay
粘土

brush
筆

bucket
バケツ

色の種類

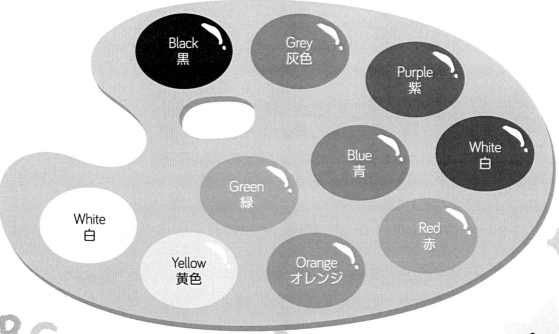

Black
黒

Grey
灰色

Purple
紫

Blue
青

White
白

Green
緑

White
白

Red
赤

Yellow
黄色

Orange
オレンジ

第4章　トイレ

Chapter 4　　Going to the Bathroom

トイレに行こう

はい、トイレに行きたい人はいますか？

はーい！

じゃあ、行きましょう。

おしゃべりしないで、ゆっくり歩いて行くのよ。

先生、ひろし君がおしゃべりしてる！

音が聞こえますね。

単語の紹介

トイレ bathroom/restroom　　**しゃべる** talk　　**歩く** walk

ゆっくりと slowly　　**聞こえる** hear　　**音** noise

単語力アップ

① talk …しゃべる，話し合う（話し相手と）

② speak …話す，演説する（ことばを一方的に話す）

③ say … 言う，述べる（ある内容をことばで表す）

Let's Go to the Bathroom

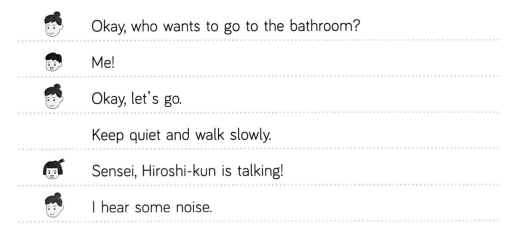

Okay, who wants to go to the bathroom?

Me!

Okay, let's go.

Keep quiet and walk slowly.

Sensei, Hiroshi-kun is talking!

I hear some noise.

Point 1

I hear some noise.
訳：音が聞こえるわよ

「おしゃべりはなしですよ。」という表現は "No talking." という直訳が思いつきますが、できれば、禁止する表現や否定する表現は避けたいものです。

一度、"No talking." と注意していますので、音が聞こえるわよと婉曲な言い回しで、気づかせる表現を学びましょう。

我慢できない！

おしっこに行きたい！

我慢できない！

それは大変！ 頑張って我慢できる？

１人でズボンおろせる？

うん、大丈夫。

単語の紹介

おしっこ pee　　　**まあ！** Oh dear!　　　**保つ** hold

ズボン pants　　　**おろす** pull down　　　**あなた一人で** yourself

単語力アップ

「hold」を用いた表現

（電話を）切らないでおく hold on　　　　　**上げる** hold up

I Can't Hold It!

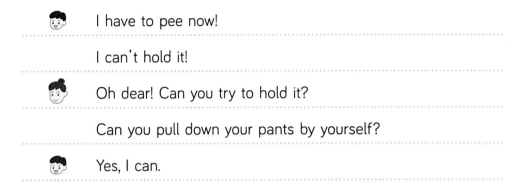

I have to pee now!

I can't hold it!

Oh dear! Can you try to hold it?

Can you pull down your pants by yourself?

Yes, I can.

 Point 1

I have to pee now!
訳：おしっこに行きたい！

上記以外の表現に、園児は、つい遊びに夢中になってトイレを我慢してしまうことがあります。「おしっこをパンツにもらしそう！」は、"I'm going to pee in my pants!" となります。

"Pee in my pants" ＝おしっこをもらす

going to は、「～をする」という意味ですが、この場合は、「これから ～ をします」ではなく、おもらしをしそうなほど「トイレに行きたい！」という意味になります。

間に合ったね

間に合った？

うん！

手は洗った？

うん、洗ったよ！

よくできました。

洗った後は何するんだった？

タオルで手を拭くの！

単語の紹介

次 next

乾かす dry

タオル towel

You Made It

You made it?

Yes!

Did you wash your hands?

Yes, I did!

Good.

What do you do next?

Dry my hands with a towel!

Point 1

You made it.
訳：間に合ったね

made it で「やり遂げる・成功する」という意味になります。

made は make の過去形です。会話では、「やったね！」言うときにも使われます。

例文：Do you think Hiroshi-kun made it to his school?

ひろし君、保育園に間に合ったと思いますか？

手を拭こう

蛇口をしめてね、いい？

わかりました！

あ！ハンカチ忘れちゃった。

お洋服で手を拭いてはだめよ。

どうして？

たえちゃんのかわいいお洋服がぬれちゃったらいやでしょ？

単語の紹介

蛇口 faucet	**忘れた** forgot（forget）**の過去形**
ハンカチ handkerchief	**洋服** clothes
ワンピース dress	**かわいい** pretty　　　　**ぬれる** get wet

Dry Your Hands

Turn off the faucet, okay?

Okay!

Oh! I forgot my handkerchief.

Don't dry your hands on your clothes.

Why?

You don't want your pretty dress to get wet, right?

Point 1

on your clothes
訳：服で（服を使って）

on~ で「～をつかって」「～で」という意味になります。
交通手段については by が使われます。

Point 2

「dry」と「wipe」

Did you dry your hands?　→　手は拭いた？（乾かす）
Did you wipe your hands?　→　手は拭いた？（ふき取る）

色々な表現を使ってみましょう。

正解したら☑

		学習直後	検定直前

僕はピアノが弾けるよ！
I [　　] play the piano!　　　　　　**can**　　☐　☐

コンピューターは使えないの。
I [　　] use the computer.　　　　　**can't**　　☐　☐

服で手を拭いてはだめよ。
Don't dry your hands [　] your clothes.　**on**　　☐　☐

車で迎えに行くよ。
I will pick you up [　] car.　　　　**by**　　☐　☐

不可算名詞（数えられない名詞）

不可算名詞とは、数えられない名詞です。

①　原則として、複数形にはしません。

②　単数扱いですが、a や an はつけません。

③　原則として、固有名詞（山や川の名前、都市名等）、fruit（フルーツ＝果物）や fish（魚）などの集合名詞、chocolate（チョコレート）、tea（お茶）、coffee（コーヒー）などの物質名詞、music（ミュージック）などの抽象名詞も不可算名詞です。

④　なお、リンゴやみかん等の個々の果物は可算名詞で、複数形になります。

I have an apple.

「バナナが好き、嫌い」のように、その種類全体のことを指して言う場合には複数形にするのが一般的です。

BC

単語と表現 ④

顔の部分の呼び方

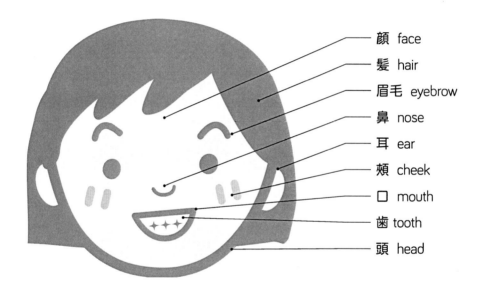

顔 face

髪 hair

眉毛 eyebrow

鼻 nose

耳 ear

頬 cheek

口 mouth

歯 tooth

頭 head

第5章 屋外活動 ①

Chapter 5　　　Outside Activities ①

お外にでましょう

さあ、お外に行って遊びますよ。

やったー！キャッチボールやろうよ！

それかオニごっこがいいな!

押さないでよ！

押さないでください。

慌てないで。

遊ぶ時間はたくさんあるから大丈夫よ。

単語の紹介

外 outside　　　　　　　　　　**キャッチボールをする** play catch

オニごっこをする play tag　　　**押す** push

慌てないで take your time　　　**たくさんの** plenty

単語力アップ

「take」を用いた表現を覚えましょう。

気楽にやる take it easy　　　　**〜の世話をする** take care of~

〜を…とまちがえる take~ for…　**〜に参加する** take part in~

Let's Go Outside

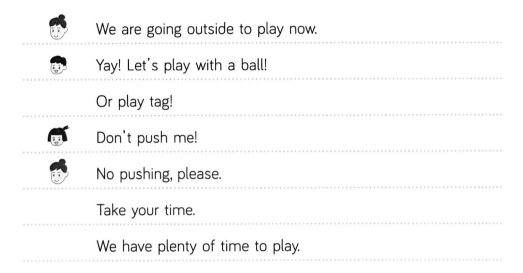

We are going outside to play now.

Yay! Let's play with a ball!

Or play tag!

Don't push me!

No pushing, please.

Take your time.

We have plenty of time to play.

Point 1

Let's play with a ball !
訳：ボール遊びをやろう！

play with ～ で「～ で遊ぶ、～ と遊ぶ」と言う意味になります。

～ には遊び道具や人の名前が入ります。尚、野球やサッカーのようなスポーツについては "play baseball"（野球）と表します。「with」はつきませんし、baseball の前に a のような冠詞もないので、注意しましょう。

ドアを閉めてね

お外に出るときは、ドアをきちんと閉めてね。

ぼくが閉めるよ！

ありがとう。

ドアに手を挟まないように気を付けてね。

単語の紹介

閉める close	**ドア** door	**きちんと** properly
出かける go out	**気をつける** be careful	**痛める** hurt

単語力アップ

「go」を用いた表現

歩き回る go around	**通りすぎる** go by
立ち去る go away	**出発する** go off

Please Close the Door Properly

 Please close the door properly when you go out, okay?

 I can do it!

 Thank you.

Be careful not to slam your fingers in the door.

Point 1

Please close the door properly when you go out, OK?
訳：お外に出るときは、ドアをきちんと閉めてね。

〜 when・・・で「するときは〜」となります。

例文では「・・・＝ go out（外に出る）ときは 〜 ＝ close the door（ドアを閉めてね）」
となっています。

きれいな花だね

あら！きれいなお花ね！

とってもいい？

おうちに持って帰りたい。

それはできないわね。見るだけにしましょう、いい？

つまんないな。なんでだめなの？

単語の紹介

花 flower　　　　　とる pick　　　　　家に持って帰る bring home

つまらない no fun　　　　なんで？ Why not?

単語力アップ

「flower」に関連する単語

木 tree　　　根 root　　　葉っぱ leaf（複数形は leaves）　　　種 seed

Pretty Flowers

Wow! Pretty flowers!

Can I pick them?

I want to bring them home.

I don't think so. Only for looking, okay?

No fun. Why not?

Point 1

Can I pick them?
訳：とってもいい？

Can I 〜 ? で「〜 してもいいですか？」という許可を求める表現です。

〜には許可してもらいたい内容が入ります。

"May I 〜 ?" もほぼ同義の文章ですが "Can I 〜 ?" よりももっと丁寧な言い方になります。

ブランコで遊ぼう

さあ、何して遊びたい？

ブランコに乗りたい！

わかったわ。

じゃあここに並んでね。

はーい！

順番がすぐ来るからね！

単語の紹介

ブランコ swing　　　**並ぶ** line up　　　**すぐに** soon

Let's Play on the Swing

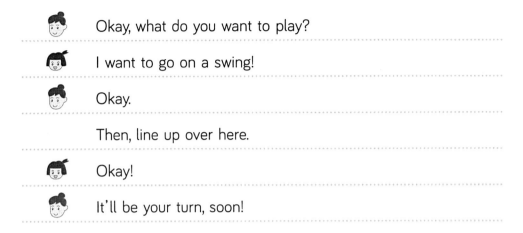

Okay, what do you want to play?

I want to go on a swing!

Okay.

Then, line up over here.

Okay!

It'll be your turn, soon!

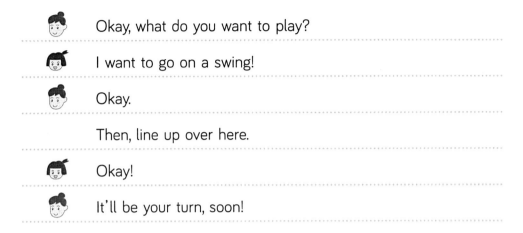

Point 1

It'll be your turn, soon!
訳：順番がすぐ来るからね！

次は誰の順番なのか声かけをするときなど以下の表現も使ってみましょう。

Whose turn? 誰の番？　　　It's your turn. あなたの番ですよ。

みんなで数えよう

 ねぇ、数えてくれる？

いいアイディアね！

みんなで一緒に数えましょう。

みんな準備できた？

はい、せーの。1回、2回、3回…10回！

次の番！

単語の紹介

数える count	**全員** all	**一緒に** together
準備ができた ready	**順番** turn	**案・考え** idea

単語力アップ

「everybody」と「every one」はどちらも「みんな」を表しますが、「everybody」は口語的です。

Let's All Count Together

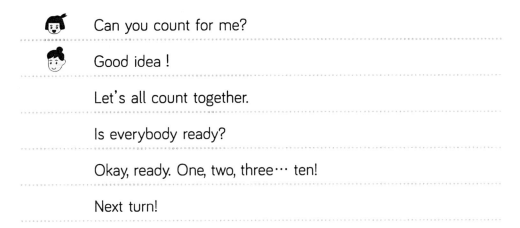

Can you count for me?

Good idea !

Let's all count together.

Is everybody ready?

Okay, ready. One, two, three⋯ ten!

Next turn!

Point 1

One, two, three ⋯ ten!

数字の表現方法

数字は3つのパターンがあります。1つ目は個数を表す数字、2つ目は順序を示す数字、3つ目は倍数や回数を示す数字です。

1. 個数を表す数

　① 11 〜 19のうち、11 〜 15までは、11 eleven、12 twelve、13 thirteen、14 fourteen、15 fifteen で、16 〜 19は1ケタの数字の呼び方＋teen です。

　② 20、30 ⋯ 90のうち、20 〜 50までは、20 twenty、30 thirty、40 forty、50 fifty で、60 〜 90は1ケタの数字の呼び方＋ty です。

　③ 21, 22 ⋯ ②＋1ケタの数10のけたと1のケタの間にはハイフン（ー）をつけます。21 twenty-one、32 thirty-two、43 forty-thre、54 fifty-four となります。

　④ 100,101 ⋯ 1ケタの数字＋hundred をつけて3ケタの数字を表し、それに2ケタ以下の数字を付けます。

　　101 one hundred one、221 two hundred twenty-one となります。

2. 順序を示す数字、3つ目は倍数や回数を示す数字は、章末の知っとこを参照。

後ろに並んでね

👩 すごい！上手にこげるね！

👦 すごく楽しい！

👩 必ずブランコが止まってから降りてね、いい？

👦 わかった。もう一度やりたい！

👩 いいわよ。

でも並んで順番を待たないとね、わかった？

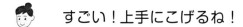

単語の紹介

良い well　　　　**楽しい** fun　　　　**確認する** make sure

降りる get off　　**止まる、止める** stop　　**もう1度** again

いいよ sure　　　**並ぶ** line up

単語力アップ

「stop」を用いた表現

話すために立ち止まる stop to talk　　　**話すのをやめる** stop talking

Line Up and Wait Your Turn, Okay?

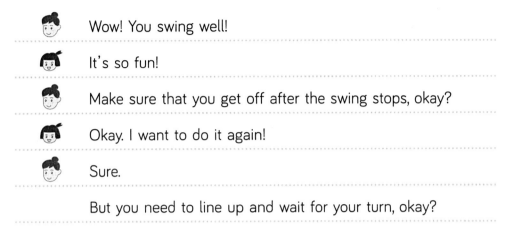

Wow! You swing well!

It's so fun!

Make sure that you get off after the swing stops, okay?

Okay. I want to do it again!

Sure.

But you need to line up and wait for your turn, okay?

Point 1

make sure ~
訳：確認する

誰かが何かを確認するときは、make sure that ＋主語（誰が）＋　動詞（何をする）。

単語を入れると "Make sure that you arrive at 8 o'clock." 直訳すると「確認する」ですが、「必ず ～ する」と訳すと自然な会話になります。

すべり台で遊ぼう

すべり台で遊びたい！

たえちゃん、早く登ってよ！

待ってよ。私の前にみんながいるんだから！

けんかしないのよ。

単語の紹介

すべり台 slide　　　　**登る** climb up　　　　**急ぐ** hurry up

〜の前に in front of　　**けんか** fighting

単語力アップ

「climb」（登る）を使った表現

〜に登る climb up〜　　**降りる** climb down

Let's Play on the Slide

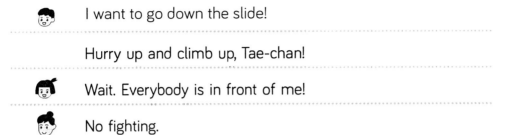

I want to go down the slide!

Hurry up and climb up, Tae-chan!

Wait. Everybody is in front of me!

No fighting.

Point 1

Hurry up and climb up, Tae-chan!
訳：たえちゃん、早く登ってよ！

climb up ～ で「～ に登る」という意味になります。

すべり台、ジャングルジムなどの遊具や木に「よじ登る」と言いたい時、この表現を活用してみてください。

また climb on も使うことができます。この場合は登る対象物にフォーカスして、例えば壁を登る"climb on a wall" などの表現が出来ます。

すべり台ですべろう

はい、あなたの番よ。

降りるよー！

膝を曲げないで、いい？

はーい。行くよー!

わあ、今のは早かったね!

単語の紹介

すべり降りる slide down　　　　**曲げる** bend　　　　　**ひざ** knee

速い fast　　　　　　　　　　**一個・一発** one

単語力アップ

slide（すべる）の活用法

（現在）	（過去）	（過去分詞）	（現在分詞）
slide	slid	slid/slidden	sliding

Let's Go Down the Slide

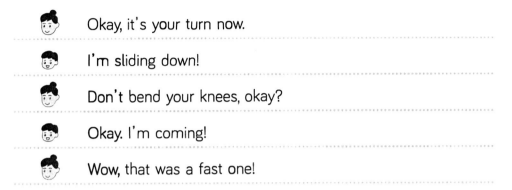

Okay, it's your turn now.

I'm sliding down!

Don't bend your knees, okay?

Okay. I'm coming!

Wow, that was a fast one!

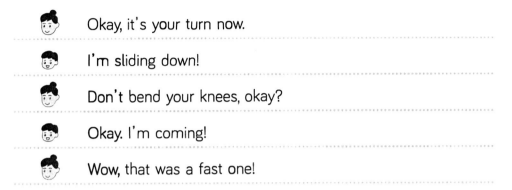

Point 1

Don't bend your knees!
訳：膝を曲げないで！

Don't 〜 で「〜 をしてはいけない、〜 しないで」という意味になります。

〜 には禁止する内容が入ります。Don't は Do not を短縮した形で、禁止を表す文
では、通常この短縮形が用いられます。

色々な表現を使ってみましょう。

正解したら☑

		学習直後	検定直前
ブロックで遊ぼう！ Let's [　][　] blocks!	**play with**	☐	☐
私はあの公園でケン君と遊びます。 I will [　][　] Ken-kun in the park.	**play with**	☐	☐
出かけるときは、鍵を閉めたか確認してね。 Make sure that the door is locked [　] you go out.	**when**	☐	☐
窓を開けてもいいですか？ [　][　] open the window?	**Can I**	☐	☐
ランチの後、何をしましょうか。 [　][　][　] do after lunch?	**What shall we**	☐	☐
何をたべましょうか。 [　][　][　] eat?	**What shall we**	☐	☐
木に登りましょう。 Let's [　][　] the tree.	**climb　up**	☐	☐
廊下は走らないで！ [　] run in the hallway!	**Don't**	☐	☐

数字の表現方法

～ 番目の数 (順序)、～ 倍の数・回数の表現

	個数	順序	倍数 / 回数
1	one	first	once
2	two	second	twice
3	three	third	three times
4	four	fourth	four times
5	five	fifth	five times

4以上の順序を表す数字は、原則として語尾に th を加えて作ります。

3以上の倍数・回数を表す数字は、個数表記に times を加えて作ります。

BC

単語と表現 ⑤

遊びの種類

キャッチボール
play catch

縄跳び
jump rope

かくれんぼをする
play hide-and-seek

お人形で遊ぶ
play with dolls

一輪車に乗る
ride a unicycle

凧揚げをする
fly a kite

シーソーで遊ぶ
play on a seesaw

電車で遊ぶ
play with trains

オニごっこ
play tag

粘土で遊ぶ
play with clay

おままごとをする
play house

おもちゃで遊ぶ
play with toys

ブランコで遊ぶ
play on a swing

すべり台で遊ぶ
play on a slide

砂場で遊ぶ
play in the sandbox

サッカーをする
play soccer

第6章　屋外活動 ②

Chapter 6　　Outside Activities ②

砂場で遊ぼう

砂場で遊ぼうか？

やったー！

何を作っているの？

トンネルだよ！

私は、お城！

単語の紹介

トンネル tunnel　　　　**砂場** sandbox　　　　**やったー！** yay!　　　　**城** castle

単語力アップ

「yay!（やった）」は間投詞といいます。

他の間投詞では

すごい！（かっさい） bravo!　　　　　　**しまった！** oops!

やあ！（よびかけ） hey!　　　　　　　**あーあ！** phew!

うわ！（驚き） gee!

Let's Play in the Sandbox

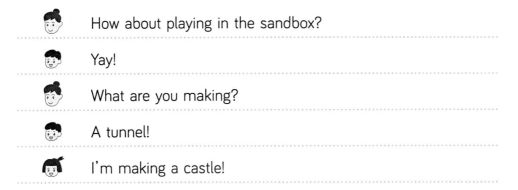

How about playing in the sandbox?

Yay!

What are you making?

A tunnel!

I'm making a castle!

Point 1

What are you making?
訳：何を作ってるの？

What are you 〜 ing? で「今何を〜しているの？」という意味になります。

「you are 〜 ing」は「今 〜 している」という意味を表し、what の後ろに続くことで上記のような意味になります。特に "What are you doing?（今何しているの？）はよく使うフレーズなので、覚えましょう。

教室に戻ります

では教室に戻りますよー。

靴下と靴も持ってきてね。

手が汚れちゃった。

洗いに行きましょうね。

手と足をよく洗ってね。

単語の紹介

汚い dirty

足 foot（feet は foot の複数形）

Going Back to the Classroom

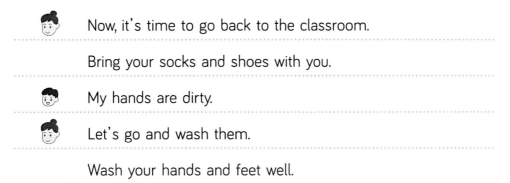

Now, it's time to go back to the classroom.

Bring your socks and shoes with you.

My hands are dirty.

Let's go and wash them.

Wash your hands and feet well.

Point 1

Wash your hands and feet well.
訳：手と足をよく洗ってね。

Well で「よく、しっかりと、うまく」という意味になります。

例文では、手と足を洗う程度を「よく」と表現しています。「よく手を洗う」「絵をうまく描く」等いろいろな場面で使える、短いけれども重要な単語です。

 砂をはたこう

たえちゃんの背中に砂がついているよ！

砂をとるの手伝ってあげられるかな？

お洋服にまだ砂がついているかも、見てあげてくれる？

ひろし君の頭にも、ついているよ。

私がとるの手伝う！

単語の紹介

見る see　　　　　　　**手助けする** help　　　　　　　**とる** take off

単語力アップ

「見る」を表現する単語の使い分け

目に入る see　　　　　　　　　**より長い時間目で追う** watch

注視してよく見る look　　　　　　**見つめる・じろじろ見る** stare

Getting Off the Sand

There's sand on Tae-chan's back!

Do you think you can help Tae-chan get the sand off?

Can you check if there's still sand on her clothes, too?

Hiroshi-kun has some sand on his head, too.

I'll help him get it off!

Point 1

Can you check if there's still sand on her clothes, too?
訳：お洋服にまだ砂がついているかも、見てあげて

Can の代わりに Could you check if 〜？を使うと、目上の人などに対して丁寧な文で表現できるようになります。

色々な表現を使ってみましょう。

正解したら☑

	学習直後	検定直前

何を描いているの？
[　][　][　] drawing?　　　　**What are you**　☐　☐

何を食べているの？
[　][　][　] eating?　　　　**What are you**　☐　☐

トム君は、昨日絵をとても上手に書きました。
Tom-kun drew pictures very [　] yesterday.　　**well**　☐　☐

僕、この本よく知ってるよ！
I know this book [　]!　　　　**well**　☐　☐

テーブルの上にブロックがあるよ！
[　][　] some blocks on the table.　　**I see**　☐　☐

公園に、わんちゃんがいっぱいいたよ！
[　][　] many dogs in the park.　　**I saw**　☐　☐

ABC

知っとこ ⑥

体調不良の時の表現を覚えましょう。

① 熱っぽい。 I feel hot.

② 頭痛がする。 I have a headache.

③ 気分がよくありません。 I feel sick.

④ お腹が痛いです。 My stomach hurts.

⑤ 吐き気がします。 I feel like vomiting.

⑥ 目がまわります。 I feel dizzy.

BC

単語と表現 ⑥

気持ちの表現

うれしい
glad

幸せな
happy

わくわくした
excited

かなしい
sad

さみしい
lonely

おこった
angry

こわい
scared

心配した
worried

おどろいた
surprised

たいくつした
bored

つかれた
tired

ねむい
sleepy

のどがかわいた
thirsty

空腹の
hungry

満腹の
full

第7章　お昼ごはん

Chapter 7　　Lunch Time

食事の準備

今から、お昼ごはんにします。

今日のお昼ごはんは何かな？

今日は卵焼きだと思う。

わあい、それ大好きなんだ！

食べるの待ちきれないよ！

手を洗ったら、席に戻ってきてね、いい？

単語の紹介

玉子焼き egg omelet（米語）

イギリス、カナダ、オーストラリアでは「omelette（t が2つ）」

単語力アップ

卵を使った料理

ゆで卵 boiled egg

目玉焼き fried egg

（「sunny-side up」は、片面焼きで、黄身は半熟に限定です）。

スクランブルエッグ scrambled egg

卵かけご飯 rice with raw egg
**（英米には生卵を食べる、白米を食べるという食生活がありませんので、そのもの
を表現する英語はありません）**

Getting Ready for Lunch

We are going to have lunch now.

What is our lunch today?

I think it's an egg omelet.

Yay, I love that!

I can't wait to eat!

Come back to your seat after you finish washing your hands, okay?

Point 1

"come back" は「戻る」という意味ですが、一語の単語にして、"make a comeback" にすると「返り咲く」や、「復帰する」などの意味になります。単語の間にスペースがあるとないとで意味が変わるのも面白いですね。

お箸の使い方が上手ね

たえちゃん、お箸が上手に使えるのね。

ママが教えてくれたの。

よく噛んで。

はい、どうぞ。

ありがとう。すごく喉がかわいているんだ。

単語の紹介

箸　chopsticks	お茶　tea	教える　teach（taughtはteachの過去形）
噛む　chew	もっと　more	はい、どうぞ　here you are
喉がかわいている　thirsty		

単語力アップ

「噛む」を表現する単語

奥歯でよく噛む（奥歯で）よく噛む　chew

ぼりぼり噛む　crunch　　　　　　　　噛み切る　bite

You Can Use Your Chopsticks Well

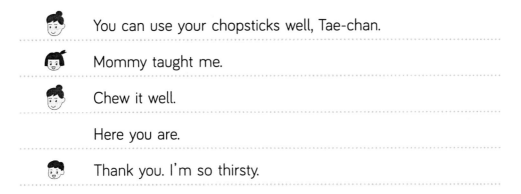

You can use your chopsticks well, Tae-chan.

Mommy taught me.

Chew it well.

Here you are.

Thank you. I'm so thirsty.

Point 1

Here you are.
訳：はい、どうぞ。

Here you are. で「はい、どうぞ」という意味になります。

Point 2

Chew it well.
訳：よく噛んでね

小さいこどもに「よく噛んでね」と言いたい時、"yum, yum, yum"「もぐもぐしましょう」という表現を使うこともできます。

ごちそうさまでした

さあ、お昼ごはんの時間は終わりですよ。

おいしかった！

そう、よかったわね。

何が一番おいしかった？

トマト入りの卵焼き!

お腹いっぱい!

単語の紹介

おいしい yummy　　　　**eat の過去形** ate

いっぱい の　full　　　　**終わって** over

単語力アップ

おいしい　delicious

look:（おいしそうに）見える

look（見える）を使って、look tasty（おいしそうに見える）、

look delicious（とてもおいしそうに見える）と言います。

Lunch Time is Over Now

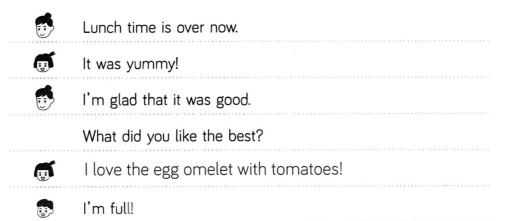

Lunch time is over now.

It was yummy!

I'm glad that it was good.

What did you like the best?

I love the egg omelet with tomatoes!

I'm full!

Point 1

yummy
訳：おいしい

一般的に「おいしい」は、英語では delicious や tasty を使いますが、園児の会話では、よく yummy が使われます。反対に「まずい」は、yucky が使われます。

Point 2

I'm full!
訳：お腹がいっぱい！

I'm full. は「お腹がいっぱい」という意味になります。
食事に関するいろいろな表現も一緒に知っておきましょう。

お腹がすいた。　I'm hungry.

残さないでね。　Don't leave anything.

お片付けをしよう

お片付けの時間です。

ゴミを拾って、終わったよ！

ひろし君、ゴミ箱にちゃんと入ってなかったよ。

だから入れておいた！

たえちゃん、お手伝いしてくれてありがとうね。

単語の紹介

ゴミ trash　　　　　　　　ゴミ箱 trash can

単語力アップ

「ゴミ箱」の表現

trash can（アメリカ英語）　　　waste bin（イギリス英語）

Let's Clean Up

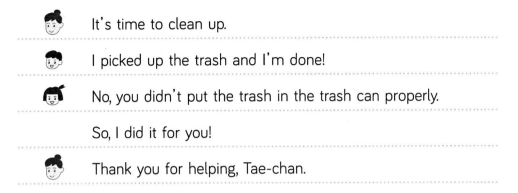

It's time to clean up.

I picked up the trash and I'm done!

No, you didn't put the trash in the trash can properly.

So, I did it for you!

Thank you for helping, Tae-chan.

Point 1

It's time to clean up.
訳：お片付けの時間です。

It's time to ～は「～ の時間ですよ」という意味になります。

～ には動詞の原形が使われます。

「clean up」は「片付ける」という意味です。「片付ける時間ですよ」つまり「お片づけをしましょう」となります。

フクロウ博士のやってみよう ⑦

色々な表現を使ってみましょう。

正解したら☑

今から、休み時間にしますよ。

	学習直後	検定直前

[　　][　　][　　] break-time now.　　**We are starting**　　☐　　☐

歌を歌う時間ですよ。

[　　][　　][　　] sing a song.　　**It's time to**　　☐　　☐

知っとこ ⑦

歯磨きについて知りましょう。

子どもが最後まできちんと歯磨きができないとき、「じゃあ、あとは仕上げをするわね！」と歯ブラシをもって、最後の仕上げをしてあげることがあると思います。

そのようなときによく使える言葉は、

"I'll do the rest!"（後は任せてね。）

という表現になります。

単語と表現 ⑦

食事で使う言葉

朝食
breakfast

昼食
lunch

夕食
dinner

スプーン
spoon

フォーク
fork

お箸
chopsticks

お皿
dish

カップ
cup

水
water

お茶
tea

ジュース
juice

御飯
rice

スープ
soup

果物
fruit

パン
bread

第8章　お昼寝

Chapter 8　　　Nap Time

お昼寝の時間です

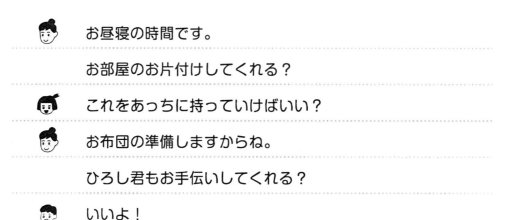

お昼寝の時間です。

お部屋のお片付けしてくれる？

これをあっちに持っていけばいい？

お布団の準備しますからね。

ひろし君もお手伝いしてくれる？

いいよ！

単語の紹介

準備する prepare　　　　　**お昼寝** nap　　　　　　**片付ける（整える）** tidy

あっち over there　　　　　**寝床をつくる** make a bed

単語力アップ

clean は、ホコリや汚れがなくきれいにすること tidy は、物を整えたり、そろえたり、元の場所に戻したりしてきれいにすること。

'Clean your room and tidy up.'「お部屋をきれいにして片付けて。」の意味。

Nap Time

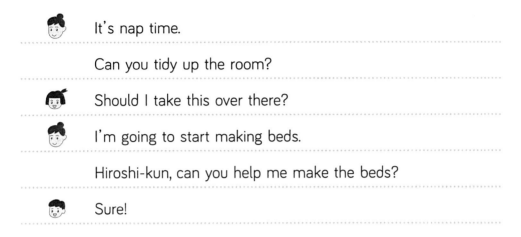

It's nap time.

Can you tidy up the room?

Should I take this over there?

I'm going to start making beds.

Hiroshi-kun, can you help me make the beds?

Sure!

Point 1

I'm going to start making beds.
訳：お布団の準備をしますからね。

"make a bed" で布団を敷くと言う意味になります。ここでは何枚かある園児の布団を表現しているので複数形が使われています。他にも "prepare a bed" で同様の表現が出来ます。

袖をまくろう

 おててが隠れて見えないね。

袖をまくってあげるね。

 自分でできるよ！ほらね？

手が見えた！

単語の紹介

まくる roll up 　　　　**袖** sleeve

Rolling Up Your Sleeves

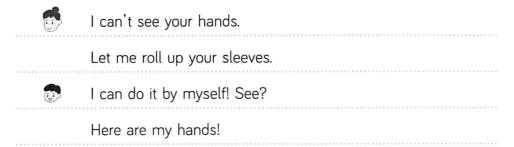

I can't see your hands.

Let me roll up your sleeves.

I can do it by myself! See?

Here are my hands!

Point 1

Let me roll up your sleeves.
訳：袖をまくってあげるね。

Let me ～ で「しましょうね」という意味になり、相手に何かしてあげるという文章になります。

この表現と似ている表現に第1章の「Let us」(しましょう)があります。

「Let me ～」は「私が ～ する」という申し出の文章になりますがそれに対して「Let us~」は「私が ～ する」という申し出と「～ しませんか」という提案の2つの意味になります。先生が子どもたちに何かしてあげるときは「Let me ～」を用いましょう。

おやすみなさい

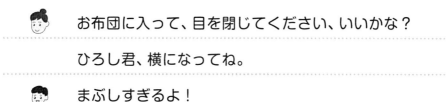

お布団に入って、目を閉じてください、いいかな？

ひろし君、横になってね。

まぶしすぎるよ！

では電気を消しますよー。

いい夢をみてね！

単語の紹介

（電気を）消す　turn off

（電源を）切る　switch off

Go to Bed

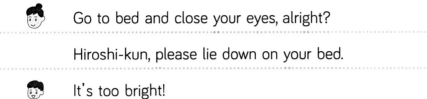

Go to bed and close your eyes, alright?

Hiroshi-kun, please lie down on your bed.

It's too bright!

Okay, I'm turning off the light now.

Sweet dreams!

Point 1

go to bed.
訳：布団に入る。

「go to bed」は、「眠る」という動作ではなく「ベッドに入る、布団に入る」という意味になります。

「go」の過去形は「went」です。

起きる時間ですよ

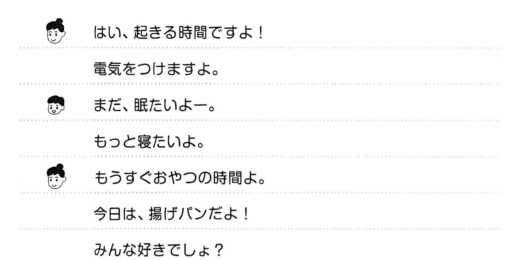

はい、起きる時間ですよ！

電気をつけますよ。

まだ、眠たいよー。

もっと寝たいよ。

もうすぐおやつの時間よ。

今日は、揚げパンだよ！

みんな好きでしょ？

単語の紹介

（電気を）つける turn on 　　　　起きる wake up 　　　　電気 light
もっと more 　　　　　　　　　　まだ still

単語力アップ

「 still 」を用いた表現

still は肯定文に使い、否定文と疑問文には使いません。否定文、疑問文の時は yet
を使いましょう。

Time to Wake Up

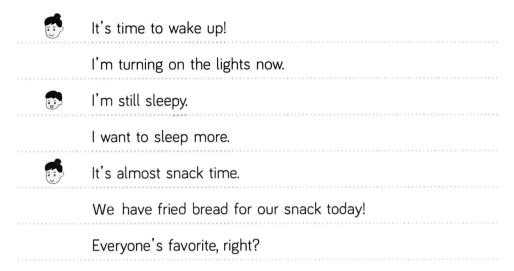

It's time to wake up!

I'm turning on the lights now.

I'm still sleepy.

I want to sleep more.

It's almost snack time.

We have fried bread for our snack today!

Everyone's favorite, right?

I want to sleep more.
訳：もっと寝たいよ。

「〜 more」で「もっと 〜」の意味になります。

more は much「もっと」の比較級で、比較級を用いることで、より強調しています。なお比較級としての基本的な用法は、「more 〜 than・・・」で「・・・よりも、より 〜」です。

例：This picture book is more interesting than that one.

お着替えしてね

　お着替えしてね。

　いやだ！

　今日の夜、たくさん寝られるからね。

　　頑張って急ごう。

単語の紹介

服 を着る get dressed

急ぐ speed up

It's Time to Change Your Clothes

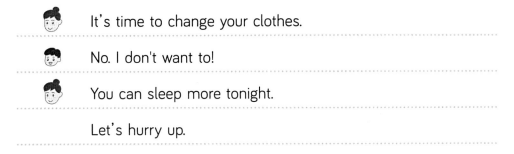

It's time to change your clothes.

No. I don't want to!

You can sleep more tonight.

Let's hurry up.

Point 1

It's time to change your clothes.
訳：お着替えしましょう。

"It's time to get dressed." の表現も使うことができます。この場合は何も着ていない、あるいはパジャマから洋服を着るというニュアンスが強くなります。

clothes（洋服）　cloth（布）複数形は cloths

間違えやすいので注意しましょう。

フクロウ博士のやってみよう ⑧

色々な表現を使ってみましょう。

正解したら☑

		学習直後	検定直前
ママが夕食の準備をします。 Mom [　][　] dinner.	**will prepare**	☐	☐
窓を開けてあげるね。 [　][　] open the window.	**Let me**	☐	☐
砂をはたいてあげるわ。 [　][　] take the sand off your clothes.	**Let me**	☐	☐
私は昨日、早く布団に入りました。 I [　][　][　] early yesterday.	**went to bed**	☐	☐
もっと、食べたい。 I want to eat [　].	**more**	☐	☐
走るのをやめなさい。 [　] running!	**Stop**	☐	☐

ABC

大きな地震や災害の時に役立つ表現を覚えましょう。

① 大丈夫よ。何も心配しないでね。
Don't worry. There's nothing to worry about.

② 携帯電話の充電をしたいのですが。
I want to charge my mobile phone.

③ 小銭はありますか?
Do you have any small change?

④ なにか食べ物をお持ちですか。
Do you have anything to eat?

⑤ けがをしています。助けてください。
I'm injured. Help me, please.

⑥ 寒いです。毛布をください 。
I'm cold. Can I have a blanket?

BC

単語と表現 ⑧

身に着けるものの名称

ズボン
pants

スカート
skirt

シャツ
shirt

パジャマ
pajamas

コート
coat

メガネ
glasses

手ぶくろ
gloves

短パン
shorts

セーター
sweater

マフラー
scarf

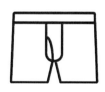

下着
underwear

水着
swimsuit

（ふちのない）帽子
cap

くつ
shoes

くつした
socks

第9章　お迎え

Chapter 9　　Going Home

お帰りの時間です

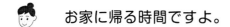 お家に帰る時間ですよ。

今日は楽しかったですか？

うん、楽しかった！

お天気が良くて、お外でたくさん遊べたね！

連絡帳を返しますね。

単語の紹介

家に帰る home

連絡帳 message book

114

Time to Go Home

 It's time to go home.

Did you have a good day today?

 Yes, I had fun!

 It was a nice sunny day and we could play outside a lot!

I'm going to return your message book.

Point 1

Did you have a good day today?
訳：今日は、楽しかったですか？

have a good day は「楽しい1日を過ごす」という意味になります。

例文は「Did you 〜 today?」と尋ねていますから、「今日はよい1日だった？」となります。これから始まる1日を指す場合は、「Have a good day!」（楽しい1日を過ごしてね）と表現します。

似た表現を学習しましょう。

楽しい時間を過ごしてね。　Have a good time!

楽しい夜を過ごしてね。　Have a good night!

お帰りのご挨拶

 明日もみんなと会えるのが楽しみです！

では、立ってみんなでお帰りのご挨拶をしましょうね。

みなさん、さようなら、また明日！

家族と楽しく過ごしてね。

単語の紹介

～を楽しみにしています look forward to　　　　**週末** weekend

Saying Goodbye

 I look forward to seeing you all tomorrow!

Now, stand up and let's all say "goodbye."

Goodbye and see you all tomorrow!

Have a nice time with your family.

Point 1

Goodbye and see you all tomorrow!
訳：みなさんさようなら、また明日！

Goodbye は「さようなら」というフレーズです。

See you tomorrow. は「また明日」というフレーズです。

どちらもよく使うフレーズなので、そのまま覚えましょう。

さようならのときに使うその他の表現

楽しい週末を過ごしてね！　Have a nice weekend!

気を付けてね！　Take care!

また後でね！　See you later!

パパが迎えに来るの？

今日は誰が迎えにきてくれるんだっけ？

パパだよ。

いいわねー！もうすぐ来るからね。

うん！パパに会えるの楽しみ。

パパよ！

お帰りなさい。

単語の紹介

幸いな lucky

Is Daddy Picking You Up?

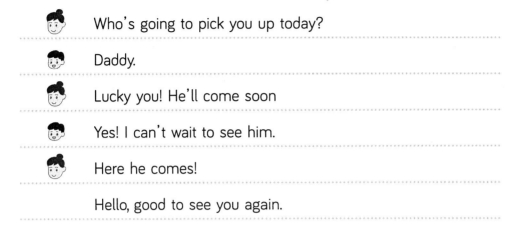

Who's going to pick you up today?

Daddy.

Lucky you! He'll come soon

Yes! I can't wait to see him.

Here he comes!

Hello, good to see you again.

He'll come soon.
訳：もうすぐ来るからね。

He'll ＝ He will

会話では "He'll come soon." のように短縮して表現することが多いです。

パパ！待っていたんだよ！

先生、こんばんわ。

今日は、ありがとうございました。

今日も楽しかった？

うん、楽しかったよ！ 先生さようなら。

また明日ね。

単語力アップ

また明日ね see you tomorrow

Daddy's Here!

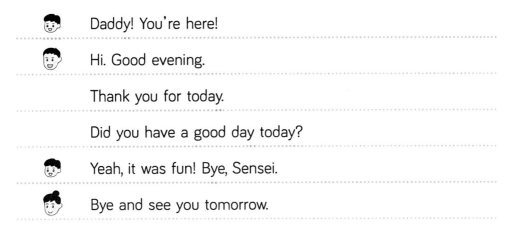

Daddy! You're here!

Hi. Good evening.

Thank you for today.

Did you have a good day today?

Yeah, it was fun! Bye, Sensei.

Bye and see you tomorrow.

Point 1

Daddy！

「daddy」は「パパ」という子ども独特の表現です。

フクロウ博士のやってみよう ⑨

色々な表現を使ってみましょう。

正解したら☑

		学習直後	検定直前
ママ、バイバイ！ Bye, Mom. 楽しい1日すごしてね！ [　][　][　][　]！	**Have a good day**	☐	☐
また明日！ [　][　][　]！	**See you tomorrow**	☐	☐
楽しい週末を過ごしてね！ Have [　][　][　]！	**a nice weekend**	☐	☐
気を付けてね！ [　][　]！	**Take care**	☐	☐
また後でね！ [　][　][　]！	**See you later**	☐	☐
疲れているみたいね。よく眠れるといいけど。 You look tired. [　][　] you sleep well.	**I hope**	☐	☐

お父さん　という単語の使い分け

「Father」「Dad」「Daddy」

「Father」「Dad」「Daddy」の違いですが、「Father」は一般的に父親という意味で使われる言葉で、文語や口語でも使われます。「Dad」は口語で使われ、初めて会う人に父親を紹介するときなどは Dad ではなく Father を使います。「Daddy」は小さな子供が使う言葉で大人は使いません。

お母さん　という単語の使い分け

お母さんという単語も、お父さんと同様で、小さい子が使う言葉、カジュアルに使う言葉、正式な言葉があります。　同じ英語ですが、アメリカとイギリスではつづりが違います。

Mother（アメリカ、イギリス同じ）

Mom（アメリカ）　　Mum　（イギリス）

Mommy（アメリカ）　Mummy（イギリス）

Mom/Mum いずれも親しい間柄・カジュアルな場面で使う言葉で mommy/mummy は、小さな子が使う言葉になります。

単語と表現 ⑨

子どもの好きな乗り物の名前

三輪車
tricycle

自転車
bicycle

電動自転車
electric bicycle

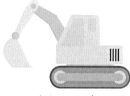

クレーン車
crane truck

電車
train

新幹線
shinkansen または bullet train

パトカー
patrol car

救急車
an ambulance car

消防車
fire engine

飛行機
airplane

ロケット
rocket

宇宙船
spaceship

第10章 乳児保育

Chapter 5   Infant Care

母乳で育てています

あら、はるなちゃん、ずいぶん大きくなりましたね。

首も座ったようですね。

はい、できるようになりました。

来月から、こちらの園でお世話になります。

楽しみにしています。

授乳はどうされていますか?

母乳なんですけど。

大丈夫ですよ。

Haruna Has Grown a Lot

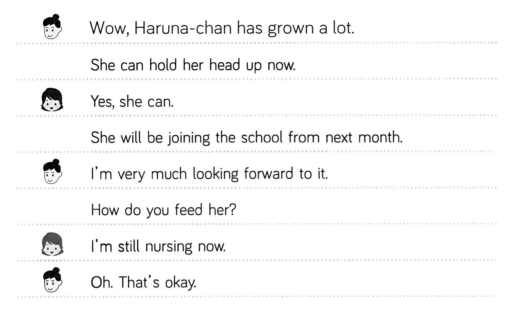

Wow, Haruna-chan has grown a lot.

She can hold her head up now.

Yes, she can.

She will be joining the school from next month.

I'm very much looking forward to it.

How do you feed her?

I'm still nursing now.

Oh. That's okay.

Point 1

I'm still nursing now.
訳：母乳なんです。

nurse の過去形は nursed なので "I nursed my children." とすると「子ども達を母乳で育てました。」と表現できることができます。

おむつをかえようね

 はるなちゃん、どうしたの？

あら、におうわね。うんちかしら？

オムツを見てみましょうね。

あら、いっぱいうんちしたのね。

きれいにしましょうね。

くちゃい、くちゃい。少し待っててね、いいかな？

Let's Check Your Diaper

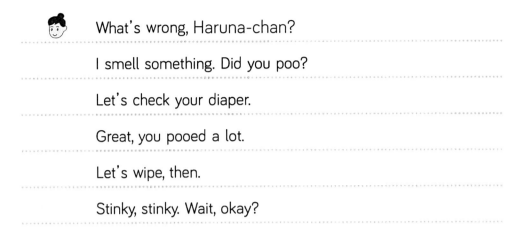

What's wrong, Haruna-chan?

I smell something. Did you poo?

Let's check your diaper.

Great, you pooed a lot.

Let's wipe, then.

Stinky, stinky. Wait, okay?

Point 1

Did you poo?
訳：うんちしたのかな？

「おっしっこに行きたい」、という表現を小さい子は

"I want to go potty." ということもあります。"potty" は「おまる」のこと。"You want to go potty?" と声をかけても良いですね。

おいちいねー

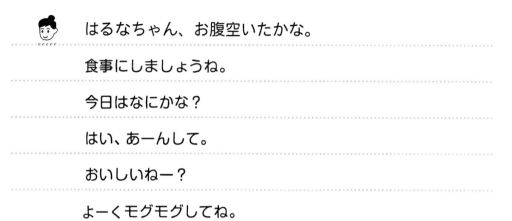

はるなちゃん、お腹空いたかな。

食事にしましょうね。

今日はなにかな？

はい、あーんして。

おいしいねー？

よーくモグモグしてね。

Yummy, Right?

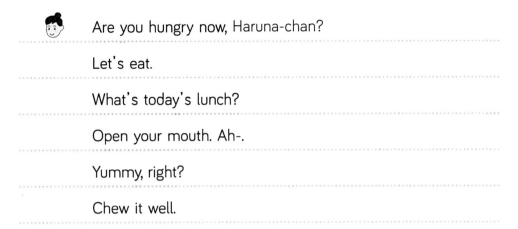

Are you hungry now, Haruna-chan?

Let's eat.

What's today's lunch?

Open your mouth. Ah-.

Yummy, right?

Chew it well.

Point 1

Chew them well.
訳：よーくモグモグしてね。

乳児保育であれば "yum yum yum" の表現もよく使われます。

色々な表現を使ってみましょう。

正解したら☑

ずいぶん大きくなりました。

She [　　][　　] a lot.　　　　　　**has grown**

<table>
<tr><th>学習直後</th><th>検定直前</th></tr>
<tr><td>☐</td><td>☐</td></tr>
</table>

大変楽しみにしています。

I'm very much [　　][　　][　　] it.　　**looking forward to**

学習直後	検定直前
☐	☐

ABC

赤ちゃんの関連する単語を覚えましょう。

「いないいないバア〜」　＝　peek-a-boo

「こちょこちょするよ」　＝　coochie, coochie, coo

寝返りをする　　　　　　　＝　turn

ハイハイをする　　　　　　＝　crawl

お座りをする　　　　　　　＝　sit up

BC

単語と表現 ⑩

体調不良のときの表現

体調不良の時の表現を思えましょう。

熱があるようです。
I feel hot.

頭が痛いです。
I have a headache.

気分がよくありません。
I feel sick.

お腹が痛いです。
My stomach hurts.

むかむかして吐き気がします。
I feel like vomiting.

目がまわります。
I feel dizzy.

文法

① 名詞

日本語では、名詞そのものには単数、複数の区別がないのが原則です。一方、英語には、①数えられる名詞と②数えられない名詞があります。数えられる名詞は単数形、複数形の区別があり (用法は下記 2「冠詞」、下記 3「数えられる名詞の複数形の作り方」の説明を参照)、数えられない名詞は原則として単数形で不定冠詞はつけないで用います。

① 数えられる名詞	② 数えられない名詞
単数形 → 複数形	原則として単数形
book → books	water　(物質名詞)
box　→ boxes	music　(抽象名詞)
city　→ cities	Japan　(固有名詞)
man → men	

② 冠詞

「a」,「an」,「the」を冠詞といい、①数えられる名詞を単数形で用いる場合、いずれかが名詞の前につきます。「a」,「an」は不定冠詞、「the」は定冠詞と呼びます。

● **a / an** 原則、その後に続く名詞が単純に可算名詞で単数形である場合に用います。
　a と **an** の用い方の区別

an ア、イ、ウ、エ、オで始まる発音をする名詞 (単語のスペルは関係ありません)、例えば「hour (時間)」(アワーと発音)、「apple(リンゴ)」(アップルと発音)の場合に用います。

a それ以外の名詞 (例えば、chair、book 等) に付けます。

ABC

● **the** 特定のものを指す場合や、会話文中で、1 回目 a / an が付いて出てきた
名詞の 2 回目以降登場してきた場合に付けます。

例：the sun(太陽), the moon(月)

例：A 君：I have a book.

B 君：Is the book interesting?

※ なお、「the」は、「特定のもの」につける冠詞なので、数えられない名
詞や名詞の複数形の場合にも付けることがあります。（他にも、文法
上はいろいろな用法がありますが、4 級では触れません。）

③ 数えられる名詞の複数形の作り方

複数形の作り方には、規則変化と不規則変化があります。

規則変化	①語尾にsをつける		(例) book → books (例) egg → eggs
	②語尾にesをつける	原則 s,ch,sh, x で終わる単語	(例) bus → buses
	③語尾を変化させる	子音+y で終わる単語	(例) lady → ladies
		- f、feで終わる単語	(例) knife → knives
不規則変化	④ 単語の母音を変化させる		(例) man → men foot → feet
	⑤ 単複同じで変化しない		(例) sheep → sheep

④ 代名詞

名詞の代わりとして使える語を代名詞と言い、主に人を対象にする「人称代名詞」、
それ以外の「不定代名詞」があります。人称代名詞は、使い方によって、3つの「格」
があります。難しく聞こえますが、日本語の場合と変わりません。日本語で言うと、

> （主格）（目的格）（所有格）
> 私は　彼を　私の家に　呼びました。

● 主格代名詞：「〜は」の意味で、主語になる代名詞

	単数	複数
自分(達)	I (私は)	we (私達は)
相手方	you (あなたは)	you (あなた達は)
自分(達)、相手方以外の第三者	he (彼は)	they (彼らは)
	she (彼女は)	they (彼女らは)
	it (それは)	they (それらは)

● 所有格代名詞：「〜の」の意味で、所有を表し、後ろに名詞がつく代名詞

	単数	複数
自分(達)	my (私の)	our (私達の)
相手方	your （あなたの）	your (あなた達の)
自分(達)、相手方以外の第三者	his （彼の）	their (彼らの)
	her （彼女の）	their (彼女らの)
	its （それらの）	their (それらの)

ABC

● 目的格代名詞：「〜を」の意味で、目的語になる代名詞

	単数	複数
自分(達)	me（私を）	us（私達を）
相手方	you（あなたを）	you（あなた達を）
自分(達)、 相手方以外の 第三者	him（彼を）	them（彼らを）
	her（彼女を）	them（彼女らを）
	it（それを）	them（それらを）

⑤ 動詞

文章の述部を構成する動詞は、英語では大きく、二つに分類されます。「状態を表わす be 動詞」と「動作を表わす一般動詞」です。　「be 動詞」は、主語の種類と単数か複数かによって、「一般動詞」は主語が自分（達）、相手以外の第三者の時のみ形が異なります。

	be 動詞		一般動詞	
	単数	複数	単数	複数
自分(達)	am	are	原形（例: go）	原形（例: go）
相手方	are	are	原形（例: go）	原形（例: go）
自分（達）、 相手方以外の 第三者	is	are	原形 + s または es （例: goes）、 haveはhasに変化	原形（例: go）

※この表は、「現在の時制」の表です。ほかに過去や未来の時制での動詞の形はこの表と異なりますが、この点は後で勉強します。ここでは、「彼、彼女等の第三者単数」の場合、一般動詞は、原形にs または es が付くこと及び「have」（持つ）は「has」に変化することを覚えておきましょう（重要！）。

⑥ 英語の文の構造

日本語と英語の一番異なるところは、文の構造＝語順が違う点です。
日本語の 「私は (主語 S)＋本を (目的語 O)＋読む (動詞 V)」は、
英語では 「私は (S)＋読む (V)＋本を (O)」の語順になります。

同様に、「彼女は美しいです」は英語では、「彼女は (S)＋です (V)＋美しい (C)」の語順に、
「彼は私に本をくれました」は英語では、「彼は (S)＋くれました (V)＋私に (O)＋本を
(O)」の語順になります。

第1文型 S ＋ V	例：I laugh. (私は笑う)
第2文型 S ＋ V ＋ C	例：She is beautiful. (彼女は美しい)
第3文型 S ＋ V ＋ O	例：Hanako has a book. (花子は本を持っている)
第4文型 S ＋ V ＋ O ＋ O	例：Tom gives her an apple. (トムは彼女にリンゴを一個あげます)
第5文型 S ＋ V ＋ O ＋ C	例：The news makes them happy. (そのニュースは彼らを幸せにする)

主語（S）＝名詞または代名詞
目的語 (O)＝名詞または代名詞
補語 （C）＝名詞または代名詞または形容詞
上記の第 2 文型の例では、beautiful は形容詞です。

⑦ 疑問文1

「〜ですか？」と質問する文章です。英語では、通常の文章（肯定文）の文頭と文末を変化させて表します。

be 動詞の文章の場合	一般動詞の文章の場合
疑問文の作り方	
be動詞そのものを文頭に持ってきて、文末に「？」を付けます。 例：She is cute. → Is she cute?	文頭に「Do」をつけ、文末に「？」を付けます。主語が三人称単数の場合はDoesをつけて文章の中の動詞(V)を原形にして、文末に「？」を付けます。 例1：You read a book. → Do you read a book? 例2：He reads a book. → Does he read a book?
質問への答え方	
「はい 」　→ Yes, 主語 + be動詞 「いいえ」→ No, 主語 + be動詞 + not	「はい」　　→ Yes, 主語 + do (does). 「いいえ」→ No, 主語 + do not (does not).

⑧ 疑問文2

文章の一部を尋ねる場合に使うのが、疑問詞です。疑問詞には、尋ねる内容によって、7種類あります。しっかり覚えましょう。

● 疑問詞の種類

what	(何が、何を)
who	(誰が、誰を)
which	(どちらが、どちらを)
where	(どこで)
when	(いつ)
why	(なぜ)
how	(どうやって)

● 疑問詞の位置

疑問詞は、尋ねたい内容を指していますから原則として文頭にきます。

● 疑問詞を含む文章の特色

① 疑問詞の性質によって、語順や構成が異なります。

② 全ての疑問詞に共通する点があります。

・質問への答えが、「Yes」、「No」ではないこと
・文末に「？」がつくこと
・文末の発音が原則として下がること

③ 疑問詞の種類によって、用法が共通する場合もあります。

i) what, who, which

・主語となる（主語を尋ねる）場合、三人称単数扱いです。
・目的語となる場合は、疑問詞の後の語順は原則として通常の疑問文の語順です。

	what （何が、何を）の場合	Which （どちらが、どちらを）の場合	who （誰が、誰を）の場合
主　語	What happens to him? （彼に何が起こってますか？）	Which is your bike? （どちらがあなたのバイクですか?)	Who cooks lunch? （誰が昼食を作りますか？）
目的語	What do you buy? （何を買いますか？）	Which do you like A or B? （A・Bどちらが好きですか？）	Who do you eat with? （誰と一諸に食事をするの？）

ii) where, when, why, how

疑問詞の後の語順は 原則として、通常の疑問文の語順になります。

Where are you from?	（ご出身はどちらですか？）
When does the bus come?	（バスはいつ来ますか？）
Why did he go there?	（なぜ彼はそこに行ったの？）
How did they come?	（彼らはどうやって来たの?)

⑨ 否定文

「～しません。」と否定する文章です。英語では、通常の文章（肯定文）否定を示す単語を追加して表します。

be 動詞の文章の場合	一般動詞の文章の場合
be動詞の後ろにnotをつけます。 ● am not, are not, is not are, is の場合は短縮形のaren't, isn'tもよく使います。 例：You are young. → You are not young. （You aren't young.）	動詞の前に「do not」を付けます。 主語が三人称単数の場合は、動詞の前に「does not」を付け, 動詞を原形にします。 短縮形のdon't, doesn'tを通常使います。 例1：You read a book.→You don't read a book. 例2：He reads a book.→He doesn't read a book.

BC

⑩ 感嘆文

「なんと～なことか！」と喜び、悲しみ、驚きなどの感情を表わす文章です。文頭と文末を変化させて表します。

感嘆詞「what」を用いる文章	感嘆詞「how」を用いる文章
What+a/an+形容詞+名詞(単数形)+主語(S)+動詞(V)＋!	How+形容詞/副詞+主語(S) +動詞(V)＋!
例：She is a cute girl. → What a cute girl she is!	例：She is cute. → How cute she is!

尚、日常会話では、上記の完全な形での感嘆文ではなく、省略形がよく使われます。
例：What a surprise ！（ああ、びっくりした！） |　例：How rude ！（なんと失礼な！）

⑪ 命令形

相手 (you) に対して「～しなさい」とか「～してはならない」、「～してください」等の命令、希望、依頼を表す文章です。原則、主語を省略して、動詞の原形から始めます。文末はピリオドで終わるか、感嘆符 (!) をつけます。be 動詞の場合もこのルールに従います。

例：Open the door. （ドアを開けなさい）
例：Don't open the door. （ドアを開けないで）
例：Please open the door. （ドアを開けてください）

⑫ 時制

今までは現在の時制だけを扱ってきましたが、ここでは過去や未来の時制についても扱います。
(1)「〜だった」という過去の時制は動詞の変化によって、
(2)「〜だろう」という未来の時制は「未来を表す助動詞」+「動詞の原形」もしくは
　　「be going to」+「動詞の原形」を用いて表します。

（1）過去の時制における動詞の変化			
be動詞	**一般動詞**		
am → was	規則変化	①語尾＋ed	call → called
are → were		②語尾＋d	use → used
is → was		③語尾が変化	cry → cried
		④語尾重ね	stop → stopped
	不規則変化	do → did	
		see → saw	
		come → came	

（2）未来の時制の表し方	
will＋動詞の原形 （〜するだろう） 例: You will be late. 　　（遅刻するでしょう）	「be going to」+動詞の原形 （〜するつもりだ） 例: He is going to swim. 　　（彼は泳ぐつもりだ）
疑問文の作り方	
willを文頭に出し文末に「？」をつけます。 例: Will you be late?	be going to のbeの部分を文頭に出し、文末に「?」を付けます。 例: Is he going to swim?
否定文の作り方	
will の後に not を付けます。短縮形 won't をよく使います。 例: You won't be late.	be going to の be の後に not を付け加えます。短縮形は8章のbe動詞の否定の場合と同じです。 例: He is not going to swim.

⑬ 助動詞

動詞の前について、文章に特殊な意味を持せるのが助動詞です。助動詞のあとにつく動詞は原形です。否定文は、助動詞＋not, 疑問文は助動詞を文頭にもってきて作ります。

● 助動詞の種類

(1)	can	「can＋動詞の原形」で「〜できる」(可能)「〜してもよい」(許可)という意味を表します。否定形は cannot (短縮形はcan't) です。
		例: She can't ski well. （彼女はあまり上手にスキーができない。）
		例: Can I watch TV? （テレビを見てもいいですか。）
(2)	may	「may＋動詞の原形」で「〜してもよい」(許可)「〜かもしれない」(推量)という意味を表します。否定形は may not (短縮形はありません)です。
		例: May I watch TV? （テレビを見てもよろしいですか。）
		※上記の「Can I watch TV?」よりも丁寧な表現です。
		例: He may come here. （彼はここに来るかもしれない。）
(3)	must	「must＋動詞の原形」で「〜しなければならない」(義務)、「must not＋動詞の原形」で「〜してはいけない」(禁止)という意味を表します。否定形はmust not (短縮形はありません) です。
		例: He must wash the dishes. （彼は皿を洗わなければならない。）
		例: You must not go outside. （外に出てはいけません。）
(4)	shall	shallは通常疑問文で使われ、「Shall I＋動詞の原形 ?」で「〜しましょうか？」(申し出)、「Shall we＋動詞の原形 ?」で「〜しませんか？」(提案)という意味を表します。否定形はshall not (短縮形はありません) です。
		例: Shall I call a taxi? （タクシーを呼びましょうか。）
		例; Shall we dance? （踊りませんか。）
(5)	should	「should＋動詞の原形」で「〜すべきである」(義務・必要)という意味を表します。否定形はshould (短縮形はshouldn't) です。
		例: He should go home. （彼は家に帰るべきだ。）
		例: You shouldn't do that （そんなことすべきではない。）

⑭ 接続詞 — 語と語、句と句、節と節を結び付ける役割を持つのが接続詞です。

● よく使う接続詞

① and	「〜and…」で「〜と…」「〜、そして…」という意味を表します。
② but	「〜but…」で「〜だが…」「〜、しかし…」という意味を表します。
③ or	「〜or…」で「〜か…」「〜それとも…」という意味を表します。
④ so	「〜so…」で「〜、それで…」「〜、だから…」という意味を表します。
⑤ when	「〜when…」で「…のとき、〜」という意味を表します。
⑥ because	「〜because…」で「…だから〜」という意味を表します。
⑦ if	「〜if…」で「もし…、〜」という意味を表します。
⑧ until	「〜until…」で「…まで、〜」という意味を表します。
⑨ after	「〜after…」で「…の後、〜」という意味を表します。
⑩ before	「〜before…」で「…の前に、〜」という意味を表します。

⑮ 前置詞 — 名詞・代名詞等の前につけて、1つのまとまった意味の句をつくる語が前置詞です。

① 場所や方向を表す前置詞

(1) 上下	on 〜の上に、〜に接して　under 〜の下に　in 〜の中に
(2) 地点	at 〜で　in 〜で ※ at は狭い場所を、inは広い場所を表す。
(3) 起点、到着点	from 〜から　to 〜へ
(4) その他	into 〜の中に　out of 〜から外へ

② 時を表す前置詞

(1) 曜日・時刻・年月日	at 〜に ※時刻や時の一点を表す
	on 〜に ※日や曜日と特定の日の午前・午後を表す
	in 〜に ※年・季節・月・週を表す
(2) 期間	for 〜の間　during 〜の間じゅう
(3) 時の前後	after 〜の後　before 〜の前
(4) 時の起点や期限	from 〜から　since 〜以来　by〜 〜までに
	until 〜まで　within 〜までに以内に

③ その他

(1)手段・方法	with 〜を使って　by 〜によって、〜で
(2)その他	with 〜と一緒に　without 〜なしで　for 〜のために
	about 〜について

インフォメーション

検定内容・申込に関するご案内

検定日、級別レベル、出題範囲、受検方法、受検料、支払い方法など本検定に関する
情報及び受検申込みについては、不定期に変更・追加となるため、本書ではご案内を
掲載しておりません。
詳細については当協会幼保ホームページ https://www.youhoeigo.com
でご確認ください。

幼保英語検定

教材のご紹介とご案内

本検定向けの各種学習教材は、㈱ブックフォレより出版、販売を行っております。
当協会からの直接の購入はできません。各種学習教材に関しては、
出版元の (株) ブックフォレよりご案内、ご紹介をしております。
㈱ブックフォレのホームページ https://bookfore.co.jpでご確認ください。

㈱ブックフォレ

オンライン学習ツールのご案内

単語学習につきましては、㈱mikanの専用アプリをご活用ください。

App Store: 「英単語アプリ mikan」をApp Storeで (apple.com)
Google Play: 【mikan】幼保英語検定単語帳アプリ

App Store

オンライン授業用ツール及び自宅学習用ツールとしてオンデマンド講座を開講しています。
オンデマンド講座に関する詳しい内容は、主催一般社団法人国際子育て人材支
援機構(OBP) ホームページ www.obp.academyをご覧ください。

Google Play

OBP

資格カードの発行について

検定合格後、合格証以外にご希望の方には合格を証明する幼保英語士資格証を
発行しています。カード形式で携帯がすることができ、身分証明書としての利用も
可能です。資格証申請方法など詳しくは 幼保ホームページをご覧ください。

資格証について

幼保英語を活かした活躍について

国内及び海外での活躍の場を国際子育て人材エージェンシーでご相談を受付けて
おります。
詳細につきましては、同社ホームページ http://www.obpjob.comをご覧ください。

OBP JOB

TAIP 推薦状

The Tokyo Association of International Preschools (TAIP) is a group of preschools that work together to bring professional development events and publicity to the international early childhood education community in Japan. Our organization continues to evolve with each passing year, bringing both traditional and forward-thinking methods of learning and promotion to all our members.

The organization was founded in 2005 under the motto "Preschool for Preschoolers," and now includes dozens of schools of all shapes and sizes. Many are in the greater Kanto area but others are farther away, as we continue to grow to help early childhood educators throughout Japan.

TAIP strongly supports the work of Youho Eigo Kentei as a valuable contribution to the future of Japanese education and to Japanese society at large. We will continue to back their efforts in the future.

Moving forward we will carefully consider the needs of our international members as their relevance continues to grow within the Japanese early childhood education community.

We encourage you to check our website (https://www.tokyopreschools.org/) for more information, including membership options and upcoming events.

Tokyo Association of International Preschools Board of Directors

TAIP Homepage

幼児教育・保育英語検定 4級テキスト

2021年12月22日第二版第2刷

著　者　　一般社団法人　幼児教育・保育英語検定協会

発行所　　一般社団法人　幼児教育・保育英語検定協会
　　　　　〒153-0061　東京都目黒区中目黒3-6-2
　　　　　TEL 03-5725-3224　FAX 03-6452-4148　http://www.youhoeigo.com

発売所　　BOOKFORE 株式会社　ブックフォレ
　　　　　〒224-0003　神奈川県横浜市都筑区中川中央1-21-3-2F
　　　　　TEL 045-910-1020　FAX 045-910-1040
　　　　　http://www.bookfore.co.jp

印刷・製本　　冊子印刷社